Alfons Unmüßig

Softwarequalität durch Vernetzung der Einflussfaktoren zur Fehlerprävention

Anwendung des vernetzten Denkens zur Fehlerprävention

Der GRIN Verlag publiziert seit 1998 wissenschaftliche Arbeiten von Studenten, Hochschullehrern und anderen Akademikern als eBook und gedrucktes Buch. Die Verlagswebsite www.grin.com ist die ideale Plattform zur Veröffentlichung von Hausarbeiten, Abschlussarbeiten, wissenschaftlichen Aufsätzen, Dissertationen und Fachbüchern.

Dokument Nr. V192348 aus dem GRIN Verlagsprogramm

Alfons Unmüßig

Softwarequalität durch Vernetzung der Einflussfaktoren zur Fehlerprävention

Anwendung des vernetzten Denkens zur Fehlerprävention

GRIN Verlag

Die Deutsche Bibliothek verzeichnet diese Publikation in der Deutschen Nationalbibliografie; detaillierte bibliografische Daten sind im Internet über http://dnb.d-nb.de/ abrufbar.

Dieses Werk sowie alle darin enthaltenen einzelnen Beiträge und Abbildungen sind urheberrechtlich geschützt. Jede Verwertung, die nicht ausdrücklich vom Urheberrechtsschutz zugelassen ist, bedarf der vorherigen Zustimmung des Verlages. Das gilt insbesondere für Vervielfältigungen, Bearbeitungen, Übersetzungen, Mikroverfilmungen, Auswertungen durch Datenbanken und für die Einspeicherung und Verarbeitung in elektronische Systeme. Alle Rechte, auch die des auszugsweisen Nachdrucks, der fotomechanischen Wiedergabe (einschließlich Mikrokopie) sowie der Auswertung durch Datenbanken oder ähnliche Einrichtungen, vorbehalten.

1. Auflage 2012
Copyright © 2012 GRIN Verlag GmbH
http://www.grin.com
Druck und Bindung: Books on Demand GmbH, Norderstedt Germany
ISBN 978-3-656-17687-9

Softwarequalität durch Vernetzung der Einflussfaktoren zur Fehlerprävention

- Anwendung des vernetzten Denkens zur Fehlerprävention -

Inhaltsverzeichnis

Kurzfassung 3
1. Ausgangssituation und Problemstellung 5
2. Software-Entwicklungsprozess 6
3. Software-Fehlerprävention 8
3.1 Software-Qualität, -Fehler und –Fehlerprävention 8
3.2 Maßnahmen zur Fehlerprävention 11
3.3 Software-Prozessverbesserungen mit Reifegradmodellen 12
3.4 Fehlerverschleppung und deren Kosten 15
3.5 Software-Fehlerprävention als Bestandteil eines vernetzten Systems 17
4. Methodik zur Lösung der Problemstellung 20
4.1 Literaturanalysen und persönliche Erfahrungen 20
4.2 Methoden und Modelle zur Problemlösung von komplexen vernetzten Systemen 20
5. Entwicklung der Einflussfaktoren 25
5.1 Ermittlung der Einflussfaktoren 25
5.2 Erläuterungen der Zielgrößen und Einflussfaktoren 27
5.3 Verbindungen, deren Richtungen und Wirkungsstärke 32
6. Ergebnisse 34
6.1 Vernetzung, Wechselwirkungen und Intensitäten der Einflussfaktoren...34
6.2 Erläuterungen zur Darstellung der Erkenntnismatrix 36
6.3 Analyse der Einflussfaktoren in der Erkenntnismatrix 39
7. Erkenntnisse 40
8. Zusammenfassung 42
Literaturverzeichnis 44

Kurzfassung

Die Softwarequalität / Fehlerprävention wurde in den letzten Jahren fortwährend durch Maßnahmen, Methoden und speziell Reifegradmodelle verbessert. Sie reicht aber aufgrund der gestiegenen Anforderungen, steigender Komplexität und steigenden Kosten nicht aus. Die Softfaktoren z. B. Führungsstil, Motivation der Mitarbeiter, Fachwissen und Qualitätskultur als wesentliche Bestandteile im Softwareentwicklungsprozess, werden teilweise zu wenig berücksichtigt. Die heutigen Ansätze sind nicht ausreichend aufeinander abgestimmt bzw. werden nicht vernetzt betrachtet.

In der vorliegenden Arbeit wird ein vernetzter Ansatz entwickelt, um die Softwarefehlerprävention weiter zu optimieren. Die Basis des Ansatzes ist die Integration aller am Softwareentwicklungsprozess beteiligten Disziplinen und Personen. Aus den bisher z.b. verwendeten Methoden, Maßnahmen, Qualitätsmodelle und die Einbeziehung anderer Disziplinen werden die vom Autor ermittelten Einflussfaktoren durch Ihre Wirkungsrichtung, Wirkungsstärke und zeitlichen Bedingungen miteinander vernetzt. Es entsteht dadurch ein Ansatz / Modell zur Prävention von Softwarefehlern.

Der Ansatz konzentriert sich im Schwerpunkt auf die Software-Entwicklungsphasen: **Anforderungsanalyse, Spezifikation** und **Entwurf**. Der Ansatz wird auf der Basis der Methode des vernetzten Denkens durch ein Modell operationalisiert und von einem Softwaretool für die Vernetzungen der Einflussfaktoren und Analysen unterstützt. Dieses methodische Vorgehen kann auch auf die anderen Software-Entwicklungsphasen angewendet werden, zumal die Softfaktoren z. B. durch die Einflussfaktoren Kultur, Kommunikation und Führung eine bedeutende Rolle in dem gesamten Softwareentwicklungsprozess einnehmen.

Durch die Vernetzung der Einflussfaktoren können die jeweiligen Summen deren direkten und indirekten Wirkungsstärken auf die Zielgröße

„Fehlerprävention" berechnet und in einer „Erkenntnismatrix" bzw. „Relationen Matrix" dargestellt werden.

Durch die priorisierte Darstellung der Relationen der Einflussfaktoren in der Erkenntnismatrix auf die Zielgröße „Fehlerprävention", lässt sich der Handlungsbedarf zur Optimierung der Softwarequalität / Fehlerprävention ableiten. Die höchst positiv priorisierten Einflussfaktoren z. B. „Motivation der Mitarbeiter" und „Fach- & Erfahrungswissen der Mitarbeiter" wirken als stärkste Hebel für die Fehlerprävention. Sie sind zur nachhaltigen Software-Fehlerprävention fortwährend im Fokus zu halten. Die negativ priorisierten Einflussfaktoren z. B. „Arbeitsbelastung der Mitarbeiter" und „Emergente Softwarefehler" sind abzustellen.

Der entwickelte Ansatz kann relativ einfach zur Anwendung an die jeweiligen Gegebenheiten eines Unternehmens angepasst werden.

Schlüsselwörter: Software, Softwareentwicklung, Softwarequalität, Fehlerprävention, Software-Fehlerprävention, Einflussfaktoren, Komplexe Systeme, Methode des vernetzten Denkens, vernetzter Ansatz / Modell, praktische Anwendung.

1. Ausgangssituation und Problemstellung

Die Erstellung und Anwendung von Software ist in den letzten Jahren immer weiter gewachsen, denn auch komplexe Abläufe werden durch Software in allen Lebensbereichen weiter automatisiert, z. B. in der Industrie, Medizintechnik, Steuerungstechnik und Raumfahrt.

Die Softwarequalität ist durch diese Anforderungen nicht immer im gleichen Umfang gestiegen. Softwarefehler haben in den unterschiedlichen Anwendungen in den letzten Jahren teilweise Mensch und Umwelt gefährdet, immense Kosten verursacht und Kunden verärgert.

Die Verbesserung der Softwarequalität / Fehlerprävention ist somit eine besondere Herausforderung an die Softwareentwicklung. Softwarefehler (SW-Fehler) sind unüberschaubar und schwer zu detektieren. Erschwerend kommt hinzu, dass diese Fehler nicht linear nach dem Ursache-Wirkungs-Prinzip auftreten. Da Software keinen Verschleiß hat, entstehen die Fehler nicht durch Abnutzung, sondern im Entwicklungsprozess. Die Fehlerprävention ist deshalb ein sehr wichtiger Bestandteil der Software-Entwicklung. Es müssen entwicklungsbegleitende Methoden und Verfahren im Software-Entwicklungsprozess angewendet werden, um Softwarefehler zu vermeiden bzw. die Qualität der Software zu verbessern. Zur Steigerung der Softwarequalität ist ein vernetzter Ansatz / (Modell) der bisherigen Einzelaktivitäten bzw. der wichtigsten Einflussfaktoren eine mögliche Alternative, welcher das Ziel der vorliegenden Arbeit ist.

Daraus ergeben sich folgende Problemstellungen:

1. Welche wichtigen Einflussfaktoren sind zur vernetzten Fehlerprävention im Software-Entwicklungsprozess wesentlich?
2. Welche Wechselwirkungen gibt es zwischen diesen Einflussfaktoren?
3. Lassen sich die Wechselwirkungen bewerten?
4. Wie lässt sich dieser vernetzte Ansatz in die tägliche Arbeit integrieren?

2. Software-Entwicklungsprozess

Ziel des **Software-Entwicklungsprozesses** ist, nach den Anforderungen des Kunden eine Software im gewünschten Leistungsumfang mit hoher Qualität zu erstellen und zu liefern.

Die Softwareentwicklung wird in mehrere Phasen zerlegt (siehe Abbildung 1).

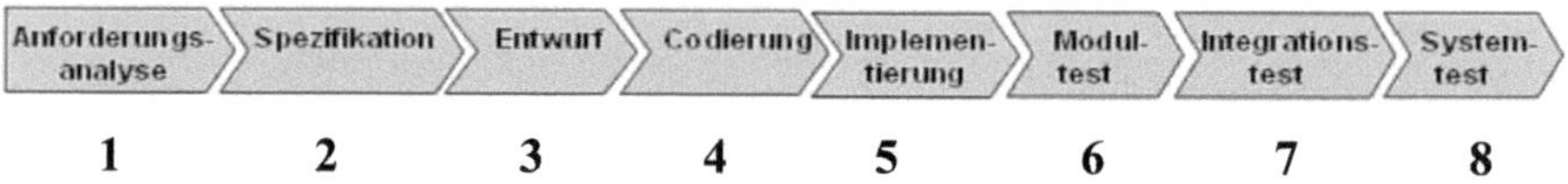

Anforderungs-analyse	Spezifikation	Entwurf	Codierung	Implemen-tierung	Modul-test	Integrations-test	System-test
1	2	3	4	5	6	7	8

Abbildung 1: Software-Entwicklungsphasen [Eigene Darstellung]

Die heute angewendeten Aktivitäten zur Fehlerprävention haben in den letzten Jahren enorme Fortschritte gemacht und somit zur Fehlerprävention beigetragen, trotzdem reichen diese für die Zukunft nicht aus. Der Beitrag soll deshalb durch einen vernetzten Ansatz mit seinen wichtigsten Einflussfaktoren und Wechselwirkungen einen weiteren Beitrag zur Fehlerprävention leisten.

Die Erzeugung von Softwarequalität muss in der Anforderungsanalyse beginnen, da in dieser Phase ca. 50-70 % der Fehler entstehen. Zur Unterstützung des Software-Entwicklungsprozesses werden Methoden, Prozess-/Vorgehensmodelle, Prozesse und Tools angewendet. Ein Vorgehensmodell ist in nachfolgende Elemente strukturiert (siehe Abbildung 2).

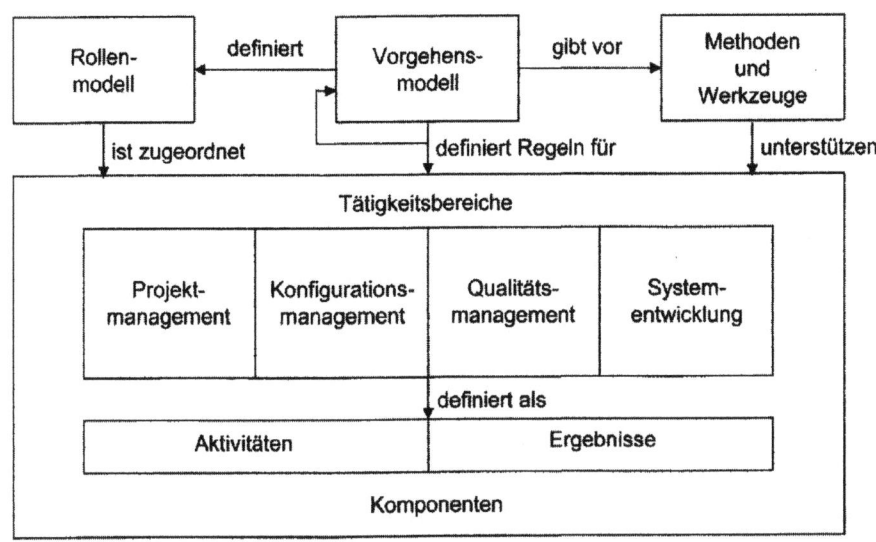

Abbildung 2: Schema von Vorgehensmodellen; Quelle: [Balzert 1998]

Ein Vorgehensmodell gliedert sich in ein Rollenmodell, Methoden & Werkzeuge, in die Tätigkeitsbereiche Projekt, Konfigurations-, Qualitätsmanagement und Systementwicklung (siehe Abbildung 2). In der Literatur gibt es umfangreiche Darstellungen über Vorgehensmodelle z. B. [Bunse 2008]. Ein weit verbreitetes Vorgehensmodell ist das „V-Modell".

3. Software-Fehlerprävention im Entwicklungsprozess

3.1 Software-Qualität, -Fehler und –Fehlerprävention, Software-Qualität

Software-Qualität wird in der Literatur unterschiedlich definiert. Die Definition hängt oft auch von den entsprechenden Anforderungen und den Nutzern ab. Qualität kann sich auf produktbezogene, anwenderbezogene, prozessbezogene oder wertbezogene Eigenschaften beziehen. Eine Definition ist z. B. in der ISO/IEC 9126. Diese Norm ist in der Norm ISO/IEC 25000 aufgegangen.

Unter Software-Qualität versteht man z. B. die Gesamtheit der Merkmale und Merkmalswerte eines Softwareprodukts, die sich auf dessen Eignung beziehen, festgelegte oder vorausgesetzte Erfordernisse zu erfüllen [Masing 2007, S. 824]. Software Qualität muss im Software-Entwicklungsprozess erzeugt und nicht nachträglich in der Prüfung hinein implementiert werden. Software-Qualität zu erzeugen, ist eine wesentliche Führungsaufgabe und ist deshalb zu:

- Planen, z. B. indem Qualitätsziele definiert werden;
- Lenken, z. B. durch Prozesse, konstruktive und analytische Maßnahmen;
- Fördern,z. B. durch einen kontinuierlichen Verbesserungsprozess (KVP);
- Sichern, z. B. durch Risikomanagement und Maßnahmen.

Qualitäts-Eigenschaften bzw. Merkmale von Software sind z. B. Zuverlässigkeit, Verständlichkeit, Portabilität, Wartbarkeit, Effizienz, Wieder-verwendbarkeit, Korrektheit, Sicherheit, Robustheit, Modularität, Testbarkeit, Flexibilität, Brauchbarkeit und weitere [Balzert 1998, S. 257; Hoffmann 2008, S. 7; Wallmüller 2001, S. 59]. Teilweise sind die Qualitätseigenschaften als Baum angeordnet, mit jeweils mehreren Ebenen/Hierarchien zur Verfeinerung der Eigenschaften und bilden so ein Qualitätsmodell. Die ISO/IEC 9126 legt das Begriffssystem fest, innerhalb dessen die Beurteilung der Software-Qualität vorgenommen werden kann. Es sind die in Abbildung 3 folgenden sechs Qualitätsmerkmale definiert:

Hauptmerkmal	Kurzbeschreibung
Funktionalität:	Vorhandensein eines Satzes von Funktionen mit spezifizierten Eigenschaften
Zuverlässigkeit:	Fähigkeit der Software, ihr Leistungsniveau unter festgelegten Bedingungen über einen festgelegten Zeitraum aufrechtzuerhalten
Benutzbarkeit:	Aufwand, der zur Benutzung erforderlich ist und individuelle Beurteilung einer Benutzung durch die vorausgesetzte Gruppe von Benutzern
Effizienz:	Verhältnis zwischen Leistungsniveau der Software und dem Umfang der eingesetzten Betriebsmittel unter festgelegten Bedingungen
Änderbarkeit:	Aufwand, der zur Durchführung vorgegebener Änderungen notwendig ist
Übertragbarkeit:	Eignung einer Software, von einer Umgebung in eine andere übertragen zu werden

Abbildung. 3: Qualitätsmerkmale für Software nach ISO/IEC 9126
[Quelle: Masing 2007, S. 824]

Software-Fehler

Für Software-Fehler liegen aus der Literatur unterschiedliche Definitionen vor.

Nach IEEE Std 610 ist ein Fehler wie folgt definiert:

„Ein Fehler ist die Abweichung zwischen dem berechneten, beobachteten oder gemessenen Wert oder Zustand der Betrachtungseinheit und dem entsprechenden spezifizierten oder theoretisch richtigen Wert" [Wallmüller 2001, S. 222]. Software-Fehler entstehen im Schwerpunkt durch Menschen im Entwicklungsprozess. Da der Entwicklungsprozess aus mehreren Phasen besteht, können die Fehler z. B. entstehen durch:

1. fehlerhafte Anforderungen,
2. fehlerhafter Entwurf,
3. fehlerhafte Programmierung,
4. weitere Ursachen.

Fehler, die in den einzelnen Arbeitsschritten nicht erkannt werden, können sich in den weiteren Entwicklungsphasen fortpflanzen / verschleppen und zu neuen Fehlern führen, z. B. fehlerhafte Anforderungen führen zu Spezifikationsfehlern und induzierte Fehler aus den Anforderungen. Daraus ergibt sich der Summationseffekt von Fehlern [Wallmüller 2001, S. 15].

Fehlerprävention

Im Software-Entwicklungsprozess ist die Fehlerprävention eine wesentliche Aktivität.
Eine verzögerte Fehlerentdeckung führt zu einem enormen Kostenanstieg. Analysen ergeben, dass der Faktor der Fehlerbeseitigungskosten pro Software-Entwicklungsphase um etwa den Faktor 5-10 steigt. Ein Fehler aus der Spezifikationsphase ist um ein n-faches teurer bzgl. Entdeckung und Korrektur, der **erst** bei der Codierung entdeckt wird. Zwischen Spezifikation und Abnahmetest kann somit ein Faktor 100 bzgl. Kosten liegen [Balzert 1998, S. 288]. Eigene Erfahrungen/Analysen bestätigen diesen Kostenanstieg.

Das Ziel muss deshalb eine sofortige Fehlerentdeckung sein. Dieses Ziel kann durch entwicklungsbegleitende Qualitätsmaßnahmen in jeder Phase weitaus besser erreicht werden, als Qualitätsmaßnahmen am Ende der Entwicklung ermöglichen [Balzert 1998, S. 287 ff.). Qualität muss im Prozess entstehen und nicht später „hineinimplementiert" werden. Da etwa 50 % der Fehler von der Anforderungs- bis zur Entwurfsphase entstehen, ist es in diesen Phasen besonders wichtig, Fehlerprävention durchzuführen [Balzert 1998, S. 289]. Zu der Fehlerprävention gibt es im Schwerpunkt die im nachfolgenden Kapitel 3.2 beschriebenen vier wesentlichen Kategorien von Maßnahmen.

3.2 Konstruktive, analytische, organisatorische und psychologische Präventionsmaßnahmen

Durch einen vernetzten Ansatz unter Berücksichtigung der wichtigsten Einflussfaktoren und deren Wechselwirkungen kann speziell die Fehlerprävention sicher und nachhaltig verbessert werden. Die vier wesentlichen Kategorien von Qualitätsmaßnahmen leisten heute einen sehr positiven Beitrag zur Fehlerprävention und Fehlerentdeckung.

1. Organisatorische,
2. Konstruktive,
3. Analytische und
4. Psychologische Maßnahmen am Mitarbeiter orientiert.

Die Maßnahmen 1, 2 und 3 werden in der Literatur überwiegend herangezogen. Sie sind voneinander abhängig, wobei konstruktive (präventive) Maßnahmen den Einsatz von analytischen Maßnahmen reduzieren [Balzert 1998, S. 281].

Erläuterungen der vier Qualitätsmaßnahmen:

Organisatorische Qualitätsmaßnahmen

Bei den organisatorischen Qualitätsmaßnahmen geht es z. B. um den Aufbau, die Einführung und Pflege eines Qualitäts-Management-Systems im Unternehmen.

Konstruktive Qualitätsmaßnahmen

Zielsetzung der konstruktiven Qualitätsmaßnahmen ist die Erzeugung von Softwarequalität / Fehlerprävention durch präventive Maßnahmen z. B. Einsatz von Vorgehensmodellen, Methoden und Modellen. Die Softfaktoren z. B. motivierte Mitarbeiter, Fach- & Erfahrungswissen der Mitarbeiter und Qualitätskultur im Unternehmen sind sehr wesentliche Einflussfaktoren zur Fehlerprävention.

Analytische Qualitätsmaßnahmen

Der Einsatz von analytischen Qualitätsmaßnahmen wird zur Prüfung des existierenden Qualitätsniveaus vorgenommen z. B. durch Testen. Die Prüfungen geben keine absolute Gewissheit über die Fehlerhaftigkeit / Nichtfehlerhaftigkeit eines Produktes.

Psychologische Präventionsmaßnahmen / People-Maßnahmen

Software-Entwicklung kann nicht als rein technischer Vorgang betrachtet werden. Da SW-Entwicklung durch Menschen im Entwicklungs-Team vorgenommen wird, ist z. B. der Kommunikationsprozess, die Führung, die Q-Kultur und weitere Softfaktoren sehr wesentlich für die Qualität des Ergebnisses.

3.3 Software-Prozessverbesserungen zur Fehlerprävention mit Reifegradmodellen

Für die Optimierung der Software-Fehlerprävention sind Prozessverbesserungen unabdingbar. Sie können auf unterschiedliche Weise vorgenommen werden, z. B. durch den klassischen PDCA (**P**lan, **D**o, **C**heck, **A**ct) Zyklus oder durch Reifegradmodelle. Die Verwendung von Reifegradmodellen hat den Vorteil, dass sie erfolgreiche Praktiken in systematischer Form in unterschiedliche Modelle bringen [Hörmann, 2006, S. 5]. Die Anwendung dieser Modelle führt zu Prozessoptimierung und somit zur Fehlerprävention bzw. Fehlerreduktion.

Ein Reifegradmodell beinhaltet z. B. vier Kategorien: Prozessmanagement, Projektmanagement, Ingenieurdisziplinen und Unterstützung. Jede Kategorie hat fünf bis sieben Prozessgebiete z. B. Kategorie Ingenieurdisziplinen hat Requirements Management, Requirements Development und weitere Prozessgebiete. Um Prozessverbesserungen vornehmen zu können, ist zuerst ein Ist-Status aufzunehmen. Dieser Ist-Status wird durch ein Assessment vorgenommen. In diesem Assessment werden die beschriebenen und „gelebten"

Prozesse getrennt untersucht und mit den Soll-Vorgaben des entsprechenden Reifegradmodells abgeglichen. Aus diesem Abgleich folgt eine sogenannte Handlungsmatrix, welche die Problemfelder und Problemprozesse aufzeigt. Dadurch kann eine optimale Prozessverbesserung gestartet und implementiert werden. Die Abbildung 4 zeigt die Zusammenhänge zwischen Prozess, Prozess Assessment, Capability Determination (Reifegrad Level Bestimmung) und Prozess Improvements bei der Anwendung eines Reifegradmodells.

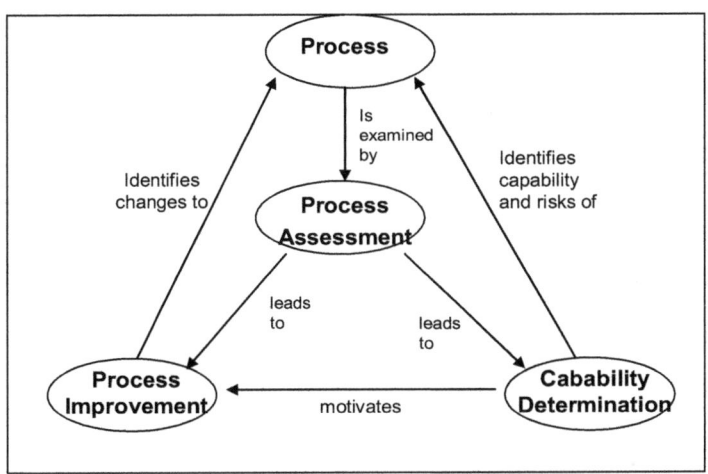

Abbildung 4: Software-Prozessbewertung mit SPICE nach ISO 15504
[Quelle: Petrasch 1998]

Außerdem wird als Ergebnis ein Reifegrad-Level ermittelt. Die meisten Modelle haben ein Reifegrad-Level in einem Range von 1 bis 5, 1 bis 6, oder 1 bis 7. Je höher das Level innerhalb des Modells, desto besser sind die Prozesse dokumentiert und werden „gelebt.

Die ersten Reifegrad-Modelle kamen in den 90er-Jahren auf den Markt z. B.:
- **CMMI**-Modell (Capability Maturity Model Integration),
- **SPICE**-Modell (SW- Process Improvement & Capability Determination),

- IBM-Reifegrad-Modell,
- ISO-Reifegrad-Modell nach ISO 9000 ff.

Die zwei bekanntesten Reifegrad-Modelle für die Software-Entwicklungsprozesse sind:

- **CMMI** (**C**apability **M**aturity **M**odel **I**ntegration),
- **SPICE** (**S**oftware **P**rocess **I**mprovement **C**apability d**E**termination)

CMMI

Das CMMI (Capability Maturity Model Integration)-Qualitätsmodell wurde vom Software Engineering Institute (SEI) in USA im Auftrag des amerikanischen Verteidigungsministeriums als Nachfolgemodell mit Erweiterungen zum CMM (Capability Maturity Model) entwickelt [Kneuper 2006, S. 2 ff.]. CMMI dient schwerpunktmäßig als Vorgehensweise für Software-Entwicklungen und deren Prozessverbesserungen. Aus dem CMM entwickelten sich außerdem weitere diverse Varianten, z. B. mit den Schwerpunkten Systemengineering, Personal Software Process (PSP) und anderen [Wallmüller 2001, S. 97; 2007, S. 92 ff.] Mit CMMI wird angestrebt, alle Derivate zu vereinigen. Heute wird CMMI in verschiedenen Anwendungsbereichen eingesetzt, z. B. bei der Systementwicklung, dem Lieferantenmanagement und bei der integrierten Prozess- und Produktentwicklung. Der Schwerpunkt liegt aber weiterhin in der Prozessverbesserung der Software-Entwicklung.

Das CMMI Modell besteht aus fünf Stufen, die den Reifegrad (Maturity Level) der Prozesse innerhalb einer Organisation beschreiben. Die Reifegrade-Level gehen bei CMMI von 1 bis 5, wobei 5 der höchste Reifegrad ist. Das Level des Prozessreifegrades wird durch ein Assessment ermittelt und zeigt in einer Handlungsmatrix die Prozessgebiete auf, in denen Handlungsbedarf zur Prozessoptimierung besteht.

SPICE (Software Process Improvement and Capability dEtermination)

SPICE ist wie CMMI ein Reifegrad-Modell und dient zur systematischen Prozessverbesserung. Das Ziel war, ein weiteres Bewertungsmodell für SW-Entwicklungen zu haben und es in eine ISO-Norm zu integrieren. Es ist inzwischen in die ISO/IEC-Normen mit der Bezeichnung ISO/IEC 15504 aufgenommen [Hörmann, u. a. 2006, S. 4]. Die Norm beschreibt in erster Linie die Prozessanforderungen, die Durchführung von Prozessassessments und die sechs erreichbaren Reifegradstufen. SPICE deckt die wesentlichen Prozesse der Phasen Akquisition, Entwicklung, Bereitstellung und Support in der Software-Entwicklung ab [Petrasch 1998, S. 119].

CMMI und SPICE unterscheiden sich in der Zielstellung nur unwesentlich.

3.4 Fehlerverschleppung und deren Kosten

Aus Analysen wurde festgestellt, dass in einer bestimmten Phase die „produzierten" Fehler oft erst in einer späteren Phase gefunden werden (siehe Abbildung 5).

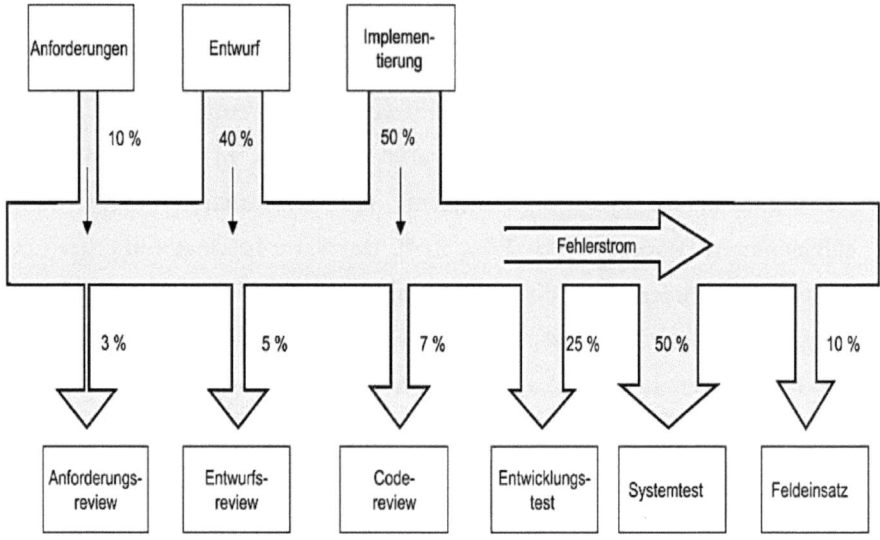

Abbildung 5: Entstehungs- und Behebungsphasen von Softwarefehlern [Quelle: Masing 2007, S. 835].

Der Fehlerstrom ist somit aufgeteilt in die Entstehung der Fehler und die Phase, in der diese gefunden werden. In der Abbildung 5 sind die %-Sätze der entstandenen Fehler über dem Fehlerstrom und die ermittelten Fehler unter dem Fehlerstrom dargestellt. Als Beispiel nehmen wir die Entwurfsphase. Laut Abbildung 5 entstehen in der Entwurfsphase 40 % der Fehler, aber nur 5 % werden in der Entwurfsphase, z. B. durch Entwurfsreview gefunden. So werden z. B. die restlichen 35 % der Entwurfsfehler erst in späteren Phasen gefunden. Dabei ist zu beachten, dass die Fehlerfindung in jeder späteren Phase bis zu einem Faktor von 5 bis 10 teurer wird. Über Wahrscheinlichkeitsrechnungen können somit die eingesparten Kosten (Kosten / Nutzen) in Geldeinheiten für umfangreichere Fehlerpräventionsmaßnahmen in den ersten Projektphasen berechnet werden.

3.5 Software-Fehlerprävention als Bestandteil eines vernetzten Systems

Komplexe vernetzte Systeme

Software-Fehlerprävention kann aufgrund der Komplexität und Vernetzung als komplexer Vorgang betrachtet werden. Komplexität hängt nach Ulrich und Probst [1988, S. 57] einerseits von der Zusammensetzung der Anzahl, der Verschiedenheit und den Beziehungen der Elemente bzw. Einflussfaktoren im System und andererseits von der Veränderlichkeit im Zeitablauf ab. Grossmann [1992, S. 19] unterscheidet vier grundsätzliche Systemtypen:

- **einfache Systeme** (wenig Elemente und Beziehungen);
- **komplizierte Systeme** (viele Elemente und Beziehungen, Verhalten ist vorwiegend determiniert);
- **relativ komplexe Systeme** (geringe Anzahl von Elementen und Beziehungen, diese weisen aber eine Vielzahl von Verhaltensmöglichkeiten auf und ihre Wirkungsverläufe sind veränderlich);
- **äußerst komplexe Systeme** (Vielzahl von Elementen, vielfältigste Beziehungen, verfügen über eine große Vielfalt an Verhaltensmöglichkeiten mit veränderlichen Wirkungsverläufen zwischen den Elementen).

Die vier grundsätzlichen stark unterschiedlichen Systemtypen lassen sich in zwei (einfache oder komplexe) Systeme zusammenfassen [Grossmann 1992, S. 20]. Für das Management komplexer Systeme gibt es nach Grossmann [1992, S.33] sechs Grundsätze. Die Zusammenfassung der Grundsätze erlaubt, die ganzheitlich vernetzte Fehlerprävention als komplexes System zu betrachten, da ganzheitlich vernetzte Fehlerprävention aus einer Vielzahl von Elementen / Einflussfaktoren und vielfältigsten Beziehungen besteht. Sie verfügt über eine große Vielfalt an Verhaltensmöglichkeiten mit veränderlichen Wirkungsabläufen zwischen den Elementen.

Vernetzte Sicht auf die Software-Entwicklung und Softwarequalität/-Fehlerprävention

Der SW-Entwicklungsprozess ist ein komplexer vernetzter Prozess mit vielen Einflussgrößen und Wechselwirkungen. Er ist somit als Ganzes zu betrachten [Frick 1995, S. 1, S.2] und zeigt in der nachfolgenden Abbildung 6, Einflussfaktoren und Wechselwirkungen aus der Entwicklungssicht und Fehlerprävention auf. Gleichzeitig ist aber auch jedes Element im Netz zu betrachten.

Die Abbildung 6 zeigt das durch die Entwicklung zu erzeugende Softwareprodukt (siehe rechts unten) und vier äußeren aktiv gestaltenden Tätigkeiten. Dies sind die Anwendung bzw. die Anwender, die Entwicklung, die Qualitätssicherung und das Management.

Die Pfeile zeigen die Interaktionen / Vernetzung zwischen diesen Tätigkeiten auf. Der dreigeteilte Kreis in der Mitte zeigt die Bedingungen, in denen der Entwicklungsprozess eingebettet ist. Dies sind Unternehmenskultur, die fachliche Organisation und das Software-Qualitätswesen. Jede Bedingung beinhaltet Teilbedingungen, z. B. bei der Unternehmenskultur die Organisationsform.

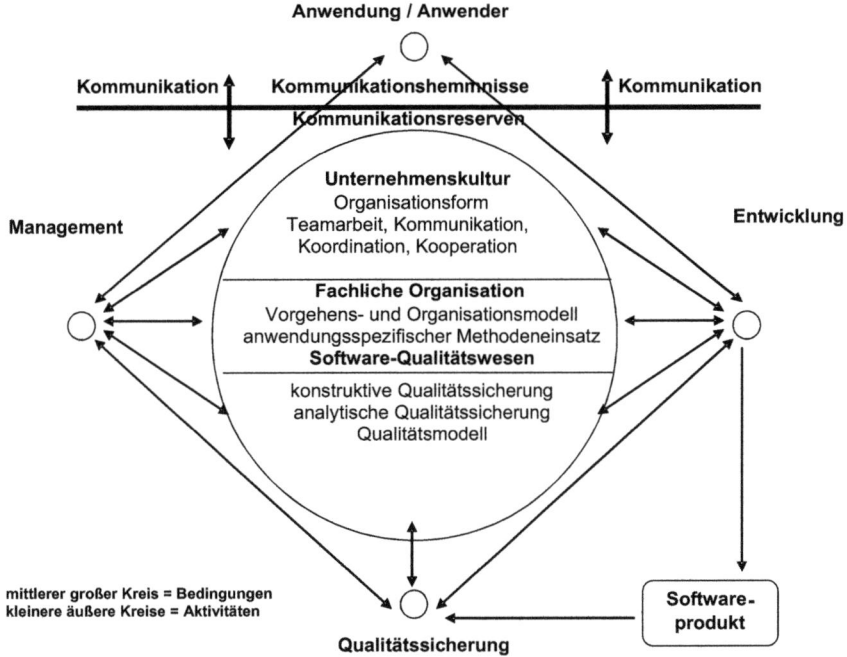

Abbildung 6: Vernetzte Sicht auf Entwicklung (und Fehlerprävention)
[Quelle: in Anlehnung an Frick 1995, S. 2]

Es ist notwendig, die Fehlerprävention als ein wesentlicher Teil des Entwicklungs-Prozesses in die komplexe vernetzte Betrachtung mit einzubeziehen. Für die Untersuchung zur vernetzten Fehlerprävention im Entwicklungsprozess sind diese Einflussfaktoren zu analysieren, weitere zu ermitteln und deren Wechselwirkungen zu analysieren.

4. Methodik zur Lösung der Problemstellung

4.1 Literaturanalysen und persönliche Erfahrungen

Für diesen wissenschaftlichen Artikel wurden im Schwerpunkt als Grundlage folgende Disziplinen / Themen analysiert und ausgewertet:
- Software-Process-Improvement Aktivitäten
- Softwarereifegrad Modelle z. B. SPICE und CMMI
- Life Cycle Prozess der Software-Entwicklung mit dem Schwerpunkt auf den Phasen Anforderungsanalyse, Spezifikation und Entwurf
- Software-Qualitäts-Management und TQM mit Schwerpunkt Fehlerprävention.

Angrenzende Disziplinen / Themen, wie z. B. Organisation, Führung, Führungs- und Qualitätskultur werden mit einbezogen. Zum Thema fließen außerdem die umfangreichen beruflichen Erfahrungen des Autors mit ein.

4.2 Methoden und Modelle zur Problemlösung von komplexen vernetzten Systemen

Es gibt Methoden zur Bewältigung von Komplexität, an die nach [Grossmann 1992, S. 44] 26 Anforderungen gestellt werden.

Ein Auszug aus diesen 26 Anforderungen:
1. Berücksichtigung einer hohen Anzahl von Einflußfaktoren;
2. Berücksichtigung der gegenseitigen Beziehungen zwischen diesen Elementen;
3. Berücksichtigung der zeitlichen Veränderlichkeit;
4. Berücksichtigung sich ändernder Wirkungsverläufe;

5.-17. Weitere Forderungen;

18., 19. Erfassbarkeit quantitativer und qualitativer Aspekte von Unternehmen und Umwelt;

20.-26. Förderung des Konkreten, Verständlichkeit, Dynamik, Kreativität,

Einbeziehen humansozialer Aspekte, Offenheit und Förderung der Integration.

Diverse Modelle bzw. Anleitungen stehen zur Unterstützung der besseren Bewältigung von komplexen Systemen zur Verfügung. Mit diesen Modellen bzw. Anleitungen lassen sich unter anderem die unterschiedlichen Einflüsse und Wechselwirkungen des komplexen Systems simulieren, um Ansätze zur Problemlösung zu finden [Grossmann 1992, S. 55]. Modelle stellen Abbildungen der Wirklichkeit dar. Ein Modell muss zur Komplexitätsbewältigung sowohl die sachbezogene Dimension als auch die verhaltensbezogene Dimension berücksichtigen. Zur Komplexitätsbewältigung lässt sich deshalb ein Modell bzw. Anleitung am besten durch ein Quadrat mit den beiden Achsen der sach- und verhaltensbezogenen Dimension darstellen [Grossmann 1992, S. 57]. Grossmann [1992, S. 59 ff.] hat neun Anleitungen zur Komplexitätsbewältigung betrachtet und jeweils in einer sach- und verhaltens-bezogenen Dimension dargestellt. Diese Methoden bzw. Anleitungen zur Bearbeitung komplexer Aufgabenstellungen sind von mehreren Autoren entwickelt worden:

1. General System Problem Solver (von Klir);
2. Quantifiziertes Flussdiagramm (von Beer);
3. Feedbackdiagramme (von Forester);
4. System Dynamics (von Forrester);
5. Viable System Model (von Beer);
6. Team Tensegrity (von Beer);
7. Soft Systems Methodology (von Checkland);
8. Methodik des vernetzen Denkens (Ulrich, Gomez, Probst);
9. Sensitivitätsmodell (von Vester).

Die Abbildung 7 zeigt einen Auszug von vier der neun Anleitungen zur Komplexitätsbewältigung.

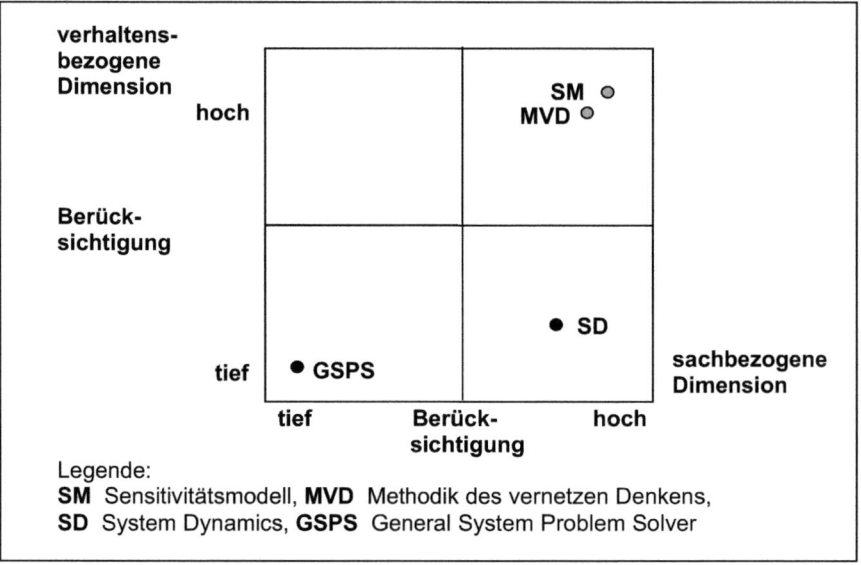

Abbildung 7: Auszug aus Modelle zur Komplexitätsbewältigung
[Quelle: Grossmann 1992, S. 188]

Aus der Gesamtbewertung und Analyse aller neun Anleitungen [Grossmann 1992, S. 188] geht hervor, dass die beiden Anleitungen

8. Methodik des vernetzen Denkens (MVD) und
9. Sensibilitätsmodell (SM),

aus heutigem Wissensstand als mögliche Methoden zur Unterstützung der vorliegenden Aufgabenstellung genutzt werden könnten. Siehe rechtes oberes Feld in der Abbildung 7.

Nach weiteren Analysen z. B. Umsetzung der Methode mit Hilfe eines Software-Tools, Kosten des Software-Tools fiel die Entscheidung auf die „**Methodik des vernetzten Denkens**".

Die Basis der „Methodik des vernetzten Denkens" sind nach Ulrich und Probst [1991, S. 25 ff.] folgende sieben Bausteine und aus der Systemtheorie abgeleitet:
1. das Ganze und die Teile;
2. die Vernetztheit der Teile;
3. das System und seine Umwelt;
4. Komplexität;
5. Ordnung;
6. Lenkung;
7. Entwicklung.

Aus diesen sieben Bausteinen haben Ulrich & Probst [1991, S. 114 ff.] die sechs Schritte des Problemlösungsprozesses abgeleitet.
1. Bestimmen der Ziele und Modellieren der Problemsituation;
2. Analysieren der Wirkungsverläufe;
3. Erfassen und interpretieren der Veränderungsmöglichkeiten;
4. Klären der Steuerungsmöglichkeiten;
5. Planen von Strategien und Maßnahmen;
6. Verwirklichen der Problemlösung.

Die sechs Schritte sollen sequenziell, aber bei neuen Erkenntnissen auch immer wieder rekursiv durchlaufen werden, um notwendige Korrekturen zu berücksichtigen.

Systemisches - / vernetztes Denken

Bei dem Systemischen - / vernetzten Denken handelt es sich um das Erkennen von Wechselwirkungen und nach welchen Regeln Dinge aufeinander Einfluss nehmen [Hamilton 2008, S. 11]. Die Abbildung 8 zeigt als Beispiel eine systemische Softwareentwicklung. Mit dem Systemischen- / vernetzten Denken haben sich z. B. wegweisend folgende Autoren beschäftigt:

(Ulrich & Probst 1991), (Dörner 2008), (Gomez/Probst 1987), (Gomez/Probst 1997), (Senge 1996), (Vester 2007). Die nachfolgende Abbildung 8 zeigt oben im Bild die abstrakte Struktur einer Systemischen Software-Entwicklung im Vergleich zur Klassischen Software-Entwicklung unten im Bild.

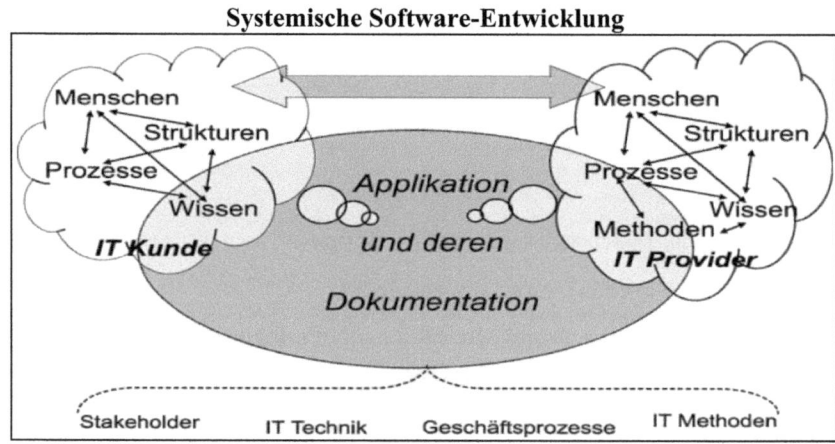

Abbildung 8: SYSTEMISCHE SOFTWARE-ENTWICKLUNG
(Quelle: Hamilton 2008, S. 91)

5. Entwicklung eines Ansatzes / Modells
Aufbau des Ansatzes / Modells

Das hier vorgestellte Ansatz / Modell ist ein „Einstiegsmodell" mit 15 selektierten Einflussfaktoren aus 140 den Einflussfaktoren in der Dissertation des Autors.

Die „Einflussfaktoren" werden aus unterschiedlichen Disziplinen ermittelt. Die Schwerpunkte sind:

- Verfahren, Maßnahmen, Methoden und Modelle aus der Software Entwicklung und Qualitätsmanagement;
- der Mensch;
- andere Disziplinen, die sich mit Fehlerprävention beschäftigen z. B. Medizin, Luftfahrt, Arbeitspsychologie etc.

Das Modell ist ein generisches qualitatives Modell und kann beliebig mit weiteren Einflussfaktoren erweitert werden. Die Einflussfaktoren, deren Vernetzung, Wirkungsrichtungen und Wirkungsintensitäten werden mit dem SW-Tool „Consideo Modeler" (CONSIDEO 2009) zum vernetzten Denken dargestellt.

Zielstellung

Das Einstiegs-Modell soll die komplexen Wirkungszusammenhänge / Wirkungsbeziehungen der Einflussfaktoren zur Fehlerprävention mit hoher Realitätsnähe darstellen.

5.1 Ermittlung der Einflussfaktoren

Zur Ermittlung der Einflussfaktoren werden z. B. folgende „Quellen" benutzt: Konstruktive Qualitätsmaßnahmen, Organisatorische Qualitätsmaßnahmen, Qualitäts- und Reifegrad Modelle, Methoden im Software-Entwicklungs- und Qualitäts-Prozess. Die „Quellen" dieser Einflussfaktoren sind in der einschlägigen Literatur z. B. (Masing 2007), (Balzert 1998), (Gerlich 2005), (Hoffmann 2008) zu finden.

Da der Mensch ein wesentlicher Einflussfaktor in der Fehlerprävention ist, sind „menschliche" Faktoren z. B. aus folgenden Literaturquellen ermittelt worden: (Reason 1990/2008), (Hamilton 2008), (Hamilton 2007), (Senge 2008).

Einflussfaktoren aus menschlichen Faktoren

Software wird heute überwiegend noch von Menschen erstellt. Die Hauptfehlerquelle von Softwarefehler ist deshalb der Mensch. Grundsätzlich kann auf der individuellen Ebene des Menschen nicht eindeutig von einer Ursache-Wirkungsfunktion ausgegangen werden. Es ist ein Netzwerk von verschiedenen Einflussfaktoren für das menschliche Leistungspotenzial verantwortlich.

In der Abbildung 9 ist die Entstehung von menschlichen Fehlern mit dem Swiss Cheese Modell nach J. T. Reason (1990/2008) abstrakt dargestellt.

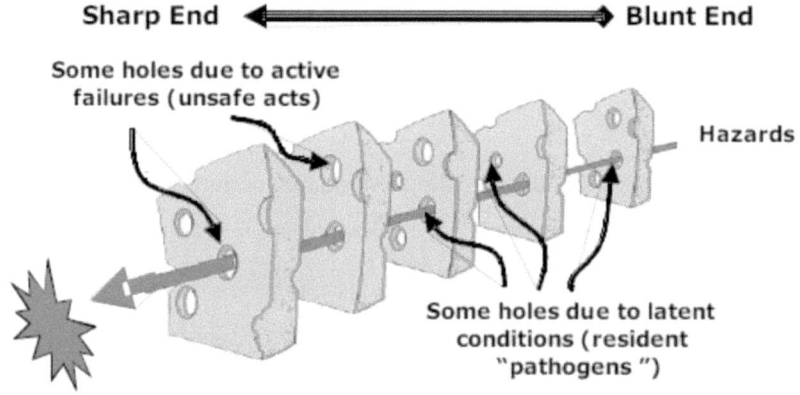

Abbildung 9: SWISS CHEESE MODEL, ENTSTEHUNG VON MENSCH-LICHEN FEHLERN (Quelle: modifiziert nach J. T. Reason)

Grundsätzlich wird bei Reason zwischen **latenten und aktiven** Fehlern unterschieden:

Latente Fehler haben als Ursache z. B. die Organisation, da z. B. bestimmte Maßnahmen nicht in der Arbeitsanweisung für den Arbeitsplatz / Aufgabe festgelegt wurden.

Aktive Fehler sind Versagen des Menschen im aktuellen Moment bei seiner Arbeit.

Einflussfaktoren aus anderen Disziplinen

Aus anderen Disziplinen z. B. Arbeitspsychologie, Organisation, Kultur wurden folgende Einflussfaktoren abgeleitet: Arbeitsbelastung, Emergente Softwarefehler, Unternehmens- und Qualitätskultur. Siehe auch beispielhaft folgende Literaturangabe: (Senge 2008), (Schein 2003).

Der Autor hat aufgrund seiner langjährigen Berufserfahrung die Erläuterungen der nachfolgenden Einflussfaktoren zusätzlich zu den Literaturrecherchen ergänzt.

5.2 Erläuterungen Zielgröße und Einflussfaktoren

Die in Abbildung 10 verwendeten Nummern und englischen Namen der Einflussfaktoren entsprechen den hier nachfolgend beschriebenen Einflussfaktoren.

- *Zielgröße*
  Die Zielgröße ist der Einflussfaktor „4 Erfolgreiche Fehlerprävention"

- *Einflussfaktoren*
  Die nachfolgenden Einflussfaktoren wirken direkt oder indirekt auf die Zielgröße.

1. Anforderungen vom Kunden klar, eindeutig definiert

Der Grundstein zur Fehlerprävention ist die präzise Formulierung der Anforderungen. Aufgrund der unterschiedlichen Denkmuster und teilweise auch Kulturen zwischen Auftraggeber (Kunde) und Auftragnehmer (Lieferant) entstehen bereits in der Definition der Anforderungen eine große Zahl von Mißverständnissen. Auf dem Markt gibt es zur Optimierung der Definition von Anforderungen EDV Tools, um Strukturen in die Anforderungen und der nachfolgenden Spezifikation zu bringen. Durch diese Strukturen können die Mißverständnisse reduziert werden. Die Kommunikation ist hier ebenfalls ein wichtiger Einflußfaktor.

2. Arbeitsbelastung durch Druck, Stress, Lärm

Die genannten Faktoren und weitere in diesem Themenbereich wirken sich negativ auf die Fehlerprävention aus, da z. B. die Konzentration des Menschen nachlässt.

3. Emergente Softwarefehler

Emergenz bezeichnet in der Philosophie und Psychologie das Phänomen, das die bestimmten Verhaltensweisen und Eigenschaften eines Ganzen nicht aus der Summe des Verhaltens der Teile ableiten lassen Hamilton (2007, S. 119). In der Software können emergente Fehler z. B. durch instabile Hardware entstehen.

4. Erfolgreiche Fehlerprävention (Zielgröße bzw. Ziel-Einflussfaktor)

Als Zielgröße wurde der Einflussfaktor „Erfolgreiche Fehlerprävention" definiert. Auf diese Zielgröße konzentrieren sich quasi alle die hier aufgelisteten direkt und indirekt wirkenden Einflussfaktoren.

5. Erreichter Prozess-Reifegrad

Reifegradmodelle z. B. SPICE und CMMI sind spezielle Modelle zu Prozessverbesserungen und somit beinhalten diese Reifegradmodelle auch

Einflussfaktoren zur Fehlerprävention. Prozess-Reifegrade werden in Level von 1 bis n gemessen, wobei z. B. bei CMMI der Level 5 der höchste ist.

6. Fach & Erfahrungswissen der Mitarbeiter

Die Basis jeglicher Fehlerprävention ist das Fach- und Erfahrungswissen eines Mitarbeiters. Dieses Fachwissen sollte fortwährend durch Training erweitert werden und ergänzt das fortwährend durch die Praxis erworbene Erfahrungswissen.

7. Komplexität der Anwendungssoftware

Die Komplexität der zu erstellenden Anwendungssoftware ist ebenfalls ein wesentliches Einflusskriterium, da sie zu komplexen teilweise sogar emergenten Fehlern im Zusammenhang mit nicht stabiler Hardware führen kann. In der Spezifikation und im Design sollte die Beurteilung der Komplexität immer ein wesentlicher Gesichtspunkt sein.

8. Leadership der Führung

Leadership ist in der Literatur vielseitig und unterschiedlich definiert z. B. Vorbild sein (Seghezzi 2007, S. 79) und Themen in die Hand nehmen; nach Strunz (2001, S. 168). Mit einer Vision Aufmerksamkeit bei den Mitarbeitern erzielen und diese dann motiviert reagieren; den Mitarbeitern mit geeigneter Kommunikation Sinn vermitteln (Mitarbeiterorientierung). Leadership-Fähigkeiten der Führung ist nicht identisch mit Management-Fähigkeiten. Management ist erlernbar, Leadership ist weitaus weniger erlernbar, sondern oft „angeboren".

9. Lernende Organisation

Fortwährendes Lernen der Organisation ist bei komplexen Systemen grundlegend wichtig. Das Unternehmen sollte die „Lernende Organisation" instituionell im Unternehmen verankern. In der Literatur z. B. Senge (2008) sind umfangreiche Abhandlungen zu diesem Thema.

10. Motivierte Mitarbeiter

Motivation kann als Grund für ein bestimmtes menschliches Verhalten verstanden werden (Strunz 2001, S. 49). Der Mitarbeiter wird auf ein Ziel hin aktiviert. In dieser Arbeit ist dieses Ziel „Softwarefehler zu vermeiden " bzw. „Erfolgreiche Fehlerprävention". Die Basis für das motivieren von Mitarbeitern ist vielschichtig. Mitarbeiter können z.B. monitär und nichtmonitär motiviert werden. Das Management sollte durch seine Leadershipfähigkeit die entsprechende Motivationsform für den Mitarbeiter erkennen. Die Motivationsform für den einzelnen Mitarbeiter ändert sich in zeitlichen Abständen und dem Alter. In der Literatur ist das Thema umfangreich beschrieben und deshalb hier nicht vertieft.

11. Offene, ehrliche & Feedback Kommunikation

Innerhalb des gesamten Spektrums der Kommunikation fördert die offene Kommunikation inkl. Feedback die Ehrlichkeit, der Bereitschaft zuzuhören und Fehler z. B. Softwarefehler, ohne Angst zu berichten. Die Basis einer hohen Qualitätskultur und vor allen Dingen einer hohen Fehlerkultur im Unternehmen ist die offene & ehrliche Kommunikation. Fehlerkultur in einem Unternehmen entsteht durch das offene Eingeständnis von Fehlern.

Offen eingestandene Fehler eines Mitarbeiters sollten durch den Vorgesetzten nicht durch negative Kommentare zum Mitarbeiter und in der Organisation publiziert werden. Selbstverständlich kann nicht jeder Fehler bzw. ein mehrfach gemachter Fehler immer toleriert werden. Die Beurteilung darüber obliegt dem Vorgesetzten und fordert Menschenkenntnisse des entsprechenden Vorgesetzten.

Durch das Eingeständnis eines Fehlers durch den Mitarbeiter kann die Organisation aus jedem Fehler gemeinsam lernen und die Fehlerprävention dadurch optimieren. „Offene Kommunikation" fördert auch die Motivation.

12. Qualität der Anforderungsanalyse

Die Qualität der Anforderungsanalyse bzw. das Verstehen der Kundenanforderungen ist eine komplexe und schwierige Aufgabe, da oft zwei unterschiedlich denkende Menschen / Kulturen im Prozess involviert sind. Der Kunde schreibt bzw. trägt seine Anforderungen in seiner „Sprache" vor. Diese Sprache ist oft nicht dieselbe vom Lieferanten bzw. Softwareentwickler. „Sprache" ist hier auch Kultur.

13. Qualitätskultur

Für eine erfolgreiche Fehlerprävention ist die Qualitätskultur des Unternehmens von großer Bedeutung, denn die aus der Unternehmenskultur entstandene Qualitätskultur ist ein Bestandteil der Unternehmensqualität (Seghezzi 1996, S. 181). Führungskräfte sollten in ihrer täglichen Haltung Qualität vorleben.

14. Unstabile Hardware

Eine unstabile Hardware führt oft zu emergenten Softwarefehlern, die schwer identifiziert werden können. Ein emergenter Fehler kommt und geht oft sporadisch. Aufgrund der nicht klaren Lokalisierung, dem Fehlerverhalten und dem Zeitpunkt des Fehlerauftritts ist es oft sehr schwierig zu unterscheiden, ob ein Hardwarefehler, Softwarefehler oder beides vorliegt. Die Fehlersuche ist aufwendig, führt oft in falsche Richtungen und zur Frustration des Mitarbeiters bzw. des Teams.

15. Unternehmenskultur

Die Unternehmenskultur ist die Grundgesamtheit gemeinsamer Werte, Normen und Einstellungen, welche Entscheidungen, Handlungen und Verhalten der Organisationsmitglieder prägen (Gabler 2011). Auf der Basis dieser Definition ist die Unternehmenskultur eine wesentliches Element zur Qualitätskultur eines Unternehmens. Die Qualitätskultur ist wiederum ein wesentliches Element zum Willen zur Fehlerprävention. Weitere Darstellungen zur Unternehmenskultur siehe Schein (2003).

5.3 Verbindungen, deren Richtungen und Wirkungsstärken

Nach der Definition der Einflussfaktoren erfolgen die Verbindungen (Vernetzung) der einzelnen Einflussfaktoren zu einem Netzwerk. Jeder Einflussfaktor wird durch seine Wirkungsrichtung, Wirkungsstärke und zeitlichen Wirkung klar definiert. Dadurch entstehen direkte und indirekte Wirkungen, deren Wirkungsstärken etc. zu der Zielgröße „4 Erfolgreiche Fehlerprävention".

Beispiel: Die Nr. 10 „Motivierte Mitarbeiter" wirkt direkt auf die „Erfolgreiche Fehlerprävention". Die Wirkungsrichtung wird durch den Pfeil und die Wirkungsstärke in Prozent durch die nebenstehende Zahl definiert. Die zeitlichen Bedingungen (Verzögerung) wird durch einen Querstrich durch den Wirkungspfeil festgelegt. Kein Querstrich: Keine zeitliche Verzögerung der Wirkung. Ein Querstrich: Kurzfristige Verzögerung und zwei Querstriche: Langfristige Verzögerung der Wirkung.

Die Nr. 2 „Arbeitsbelastung der Mitarbeiter" wirkt indirekt auf die „Erfolgreiche Fehlerprävention", denn die Arbeitsbelastung wirkt zuerst direkt auf die Nr. 10 „Motivierte Mitarbeiter" und dann indirekt auf die „Erfolgreiche Fehlerprävention". Siehe Abbildung 10. Weitere Erläuterungen zum Aufbau und Deutung des Netzwerkes siehe unter CONSIDEO (2009).

Nachfolgend werden exemplarisch einige Verbindungen der Einflussfaktoren, deren Richtungen und Wirkungsstärken kurz erläutert. Im Netzwerk der Abbildung 10 zeigt der Pfeil die Wirkungsrichtung, die Strichstärke bzw. die danebenstehende Zahl die Intensität an, wobei 10 schwach, 17 mittel und 25 stark ist. Angaben sind % Werte. Querstriche durch den Richtungspfeil zeigen eine zeitliche Verzögerung.

1. Anforderungen von Kunden klar, eindeutig definiert → ***4. Erfolgreiche Fehlerprävention***

Die klaren, eindeutigen Definitionen der Anforderungen vom Kunden sind die ersten Grundlagen einer Fehlerprävention und wirken deshalb direkt. Die Wirkung auf die Fehlerprävention ist stark, da falsche oder fehlende Anforderungen sich gravierend auswirken können.

1. Anforderungen von Kunden klar, eindeutig definiert → ***7. Komplexität der Anwendungssoftware***

Anforderungen, die klar und eindeutig definiert sind, wirken sich mittel und negativ auf die Komplexität der Anwendungssoftware aus.

1. Anforderungen von Kunden klar, eindeutig definiert → ***12. Qualität der Anforderungsanalyse***

Die Qualität der Anforderungen vom Kunden wirkt sich positiv mit mittlerer Intensität auf die Qualität der Anforderungsanalyse aus.

2. Arbeitsbelastung → ***10. Motivierte Mitarbeiter***

Die Arbeitsbelastung wirkt negativ auf die Motivation der Mitarbeiter mit mittlerer Intensität.

3. Emergente Softwarefehler → ***4. Erfolgreiche Fehlerprävention***

Aufgrund der nicht Beherrschbarkeit von emergenten Softwarefehlern wirken sich diese negativ mit mittlerer Intensität auf die erfolgreiche Fehlerprävention aus.

3. Emergente Softwarefehler → ***10. Motivierte Mitarbeiter***

Emergente Softwarefehler zeigen ihre negative Wirkung mit schwacher Intensität auch bei der Motivation der Mitarbeiter.

Die weiteren Verbindungen können aus Kapitel 5.2 abgeleitet bzw. direkt aus dem Netzwerk in der Abbildung 10 oder der Gewichtungsmatrix in Abbildung 11 entnommen werden.

6. Ergebnisse

6.1 Darstellung der Vernetzung, Wechselwirkungen und Intensität der Einflussfaktoren

Mit dem Software-Tool „Consideo Modeler" werden die Einflussfaktoren vom Autor zu einem generischen qualitativen Modell vernetzt dargestellt und analysiert.

Anmerkung: Mit anderen Software-Tools zum vernetzten Denken lässt sich die Problemstellung ebenfalls lösen.

Darstellungen und Analysen

Die nachfolgende Abbildung 10 zeigt die Vernetzungen, Wirkungsrichtungen und Intensitäten der Einflussfaktoren. Zielgröße „Erfolgreiche Fehlerprävention" ist in der Mitte dargestellt. Jeder Einflussfaktor wird in seiner Wirkungsrichtung (Pfeil), Intensität (Zahl) und Vorzeichen repräsentiert. Ein + Zeichen vor der Intensitätszahl neben der Wirkungsrichtung wirkt verstärkend, ein − Zeichen abschwächend.

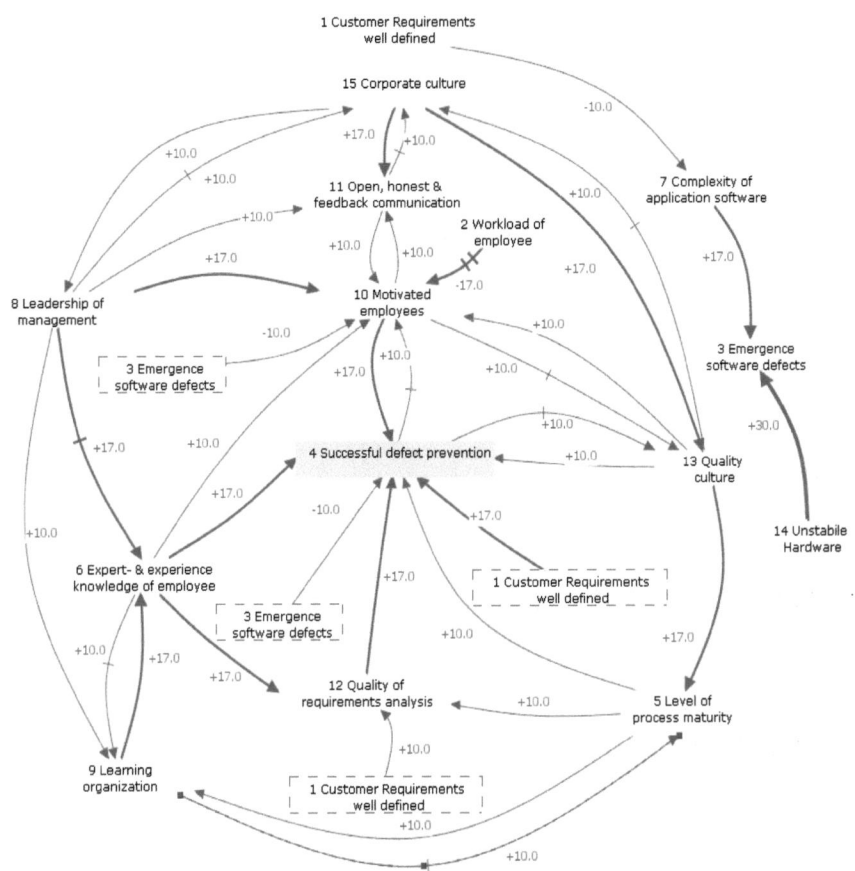

Abbildung 10: VERNETZUNG DER EINFLUSSFAKTOREN (Ursache-Wirkung) (Eigene Darstellung mit dem Consideo Modeler)

Die Abbildung 11 zeigt als Ergänzung zu Abbildung 10 die „Gewichtungsmatrix" in % Angaben der Wirkungen der einzelnen Einflussfaktoren des Netzes (Wirkung VON/AUF bzw. Y- auf X-Achse).

Anmerkung: Die Nummerierung der Einflussfaktoren in der Abbildung 11 (Y-Achse ganz links und X-Achse ganz oben) ist eine interne „Consideo Modeler" System-Nummerierung. Z. B. System-Nummerierung Nr.1(ganz links) entspricht dem Einflussfaktor Nr. „4 Successful defect prevention".

Die Darstellung zeigt die Gewichtung der einzelnen Faktoren z. B. wirkt der Einflussfaktor Lernende Organisation (Y = vertikal Nr. 10) mit 17 % auf Fach- & Erfahrungswissen (X = horizontal Nr. 7).
Die Gewichtungsmatrix ist ein abgewandelter „Vester Papiercomputer" siehe Literatur-Verzeichnis unter Vester, F. (2007).
Die Summe jeder Spalte in der Gewichtungs-Matrix darf 100 % nicht übersteigen. Summen kleiner 100 % sagen aus, dass es noch andere Einflussfaktoren außerhalb dieser Systembetrachtung gibt.

	Software-Defectprevention Comenius University Bratislava SK for _Singapore_2011	1	2	3	4	5	6	7	8	9	10	11	12	13	14	15
1	4 Successful defect prev...					10	10									
2	1 Customer Requiremen...	17										10		10		
3	11 Open, honest & feedb...				10		10									
4	15 Corporate culture				17		17				10					
5	13 Quality culture	10				10		10								17
6	10 Motivated employees	17		10		10										
7	6 Expert- & experience ...	17						10			10				17	
8	8 Leadership of manage...				10	10		17	17		10					
9	2 Workload of employee							17								
10	9 Learning organization							17								10
11	7 Complexity of applicat...													17		
12	14 Unstabile Hardware													30		
13	3 Emergence software d...	10					10									
14	12 Quality of requiremen...	17														
15	5 Level of process matu...	10									10				10	
	Summe	98	0	37	30	37	84	34	10	0	30	10	0	47	37	27

Abbildung 11: GEWICHTUNGSMATRIX
(Eigene Darstellung mit dem Consideo Modeler)

6. 2 Erläuterungen zur Darstellung der Erkenntnis-Matrix

Auf der Basis der erstellten Ursache-Wirkungsbeziehungen in Abbildung 10 inkl. Wirkungsrichtungen, Wirkungsstärken und Zeitverzögerungen (und der daraus resultierenden selbstverstärkenden und ausgleichenden Rückkopplungsschleifen) werden in der Erkenntnis-Matrix (Abbildung 12) alle Faktoren angezeigt, die direkt oder indirekt auf den ausgewählten Faktor - in diesem Falle dem Ziel-Faktor „Erfolgreiche Fehlerprävention" - wirken.

Auf der **X-Achse** wird dabei die gesamte Einfluss-Stärke (Summe aus den direkten und indirekten Wirkungsstärken jedes Einflussfaktors bezogen auf den Ziel Faktor (positiv oder negativ) dargestellt. Die im oberen rechten Feld / Quadranten plazierten Einflussfaktoren leisten einen **positiven** Beitrag zur Fehlerprävention, wobei der größte positive X (und Y) - Wert am stärksten wirkt. Die im linken unteren Feld / Quadranten dargestellten Einflussfaktoren wirken **negativ** auf die „Erfolgreiche Fehlerprävention" und sind durch Maßnahmen abzustellen.

Auf der **Y-Achse** werden die Veränderungen der Einfluss-Stärken im Zeitverlauf (Zu- oder Abnahme) der Einflussfaktoren dargestellt. Hieraus ergeben sich vier verschiedene Quadranten, die in der Abbildung 12 und 13 (Erkenntnis-Matrix) dargestellt sind: (CONSIDEO 2009)

1. Feld rechts oben: (zunehmend erhöhend) Faktoren, die kurzfristig positiv, mittel- und langfristig sogar noch positiver wirken werden. Die Relevanz der Faktoren zur Fehlerprävention nimmt im Zeitverlauf zu, da sie überwiegend in selbstverstärkenden Rückkopplungsprozessen involviert sind bzw. diese anstoßen. Diese Faktoren sind die effektivsten Hebel für eine positive Entwicklung der Fehlerprävention.

2. Feld rechts unten: (abnehmend erhöhend) Faktoren, die kurzfristig positiv, mittel- und langfristig weniger stark positiv wirken werden. Die Relevanz der Faktoren nimmt im Zeitverlauf ab, da sie überwiegend in ausgleichenden Rückkopplungsprozessen involviert sind bzw. diese anstoßen.

3. Feld links unten: (zunehmend senkend) Faktoren, die kurzfristig negativ, mittel- und langfristig sogar noch negativer wirken werden. Die Relevanz der Faktoren nimmt im Zeitverlauf zu, da sie überwiegend in selbstverstärkenden Rückkopplungsprozessen involviert sind bzw. diese anstoßen. Diese Faktoren sind die Hebel für eine negative Entwicklung der Fehlerprävention, also auf die Zielgröße mit der Nr. 4

4. Feld links oben: (abnehmend senkend) Faktoren, die kurzfristig negativ und mittel- und langfristig weniger stark negativ wirken werden. Die Relevanz der Faktoren auf die Fehlerprävention nimmt im Zeitverlauf ab, da sie überwiegend in ausgleichenden Rückkopplungsprozessen involviert sind bzw. diese anstoßen.

5. Nummern und Namen der Einflussfaktoren sind auf der rechten Seite.

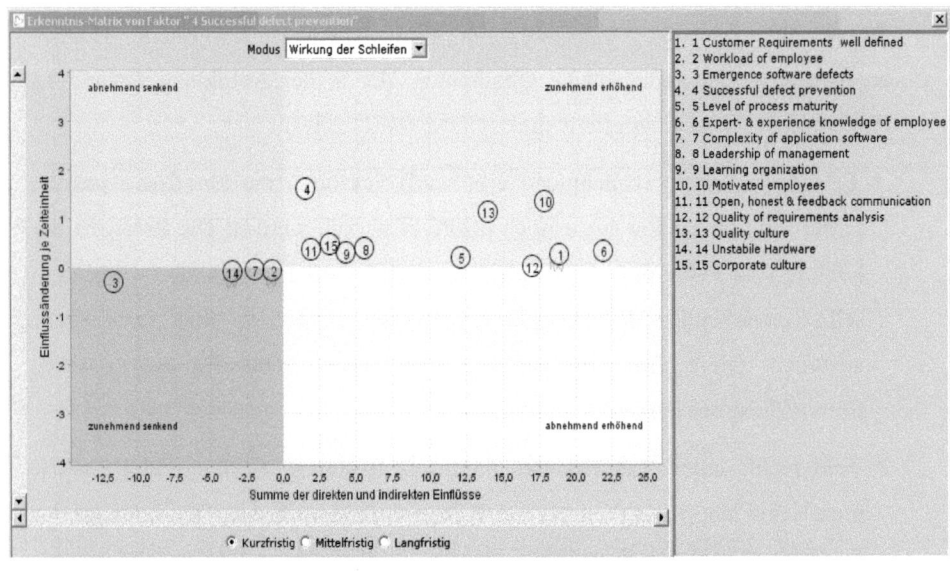

Abbildung 12: ERKENNTNIS-MATRIX Kurzfristige Betrachtung
(Eigene Darstellung mit dem Consideo Modeler)

6.3 Analyse der Einflussfaktoren in der Erkenntnismatrix

Die Analyse der Erkenntnismatrix leistet die wesentlichen Ergebnisse dieser Arbeit. Sie zeigt den Vergleich der Wirkung von Faktoren die sich hier auf die **Zielgröße Nr. 4 „Erfolgreiche Fehlerprävention"** beziehen. Jeder dargestellte Einflussfaktor zeigt seine Wirkungsstärke über die X- und Y-Achse bezogen auf die Zielgröße. Die Erkenntnis-Matrix in Abbildung 12 zeigt die kurzfristige Betrachtung / Wirkung und in Abbildung 13 die langfristige Betrachtung / Wirkung der Einflussfaktoren auf die Fehlerprävention. Es ist grundsätzlich zu erkennen, dass der dynamische Einfluss der Einflussfaktoren mit den Nummern 1, 6, 10 und 13 sich von der kurzfristigen zur langfristigen Betrachtung verstärkt hat.

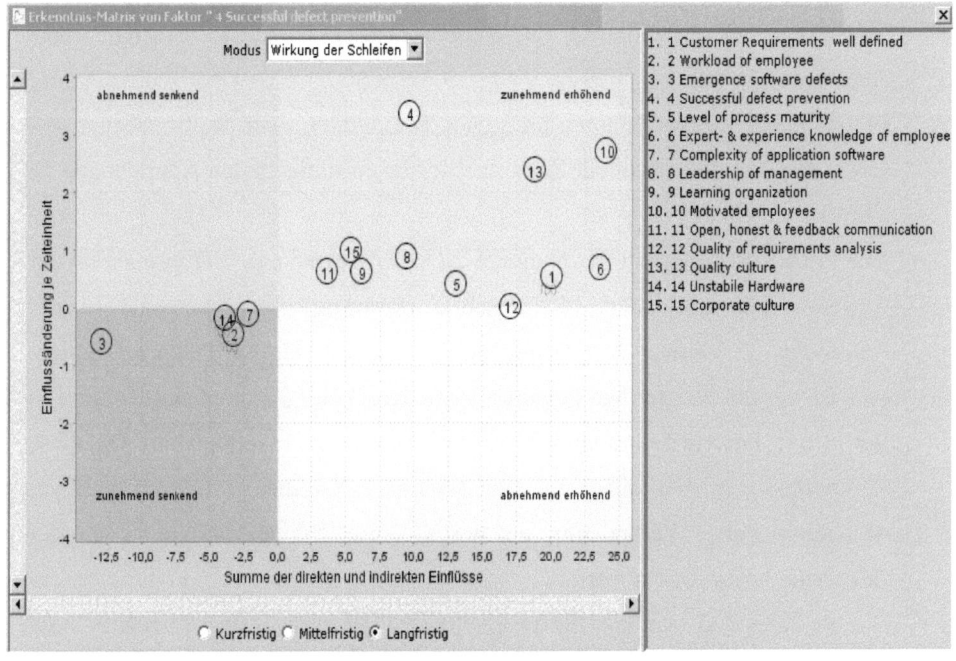

Abbildung 13: ERKENNTNIS-MATRIX Langfristige Betrachtung
(Eigene Darstellung mit dem Consideo Modeler)

7. Ergebnisse

Nachfolgend werden die **kurzfristigen Wirkungen** in Abbildung 12 und langfristigen Wirkungen in Abbildung 13 der Einflussfaktoren analysiert und die Auswirkungen und möglichen Maßnahmen erläutert:

Die Einflussfaktoren in Abbildung 12 mit den Nummern 10 (Motivierte Mitarbeiter) und 13 (Q-Kultur) im rechten Feld (grün) oben wirken kurzfristig positiv, langfristig noch positiver als in Abbildung 12 sichtbar ist. Ihre Relevanz nimmt zu und sie sind somit wichtige Hebel zur ganzheitlich vernetzen Fehlerprävention.

Die Einflussfaktoren mit der Nummer 1 (Anforderungen von Kunden klar, eindeutig definiert) und Nummer 6 (Fach-& Erfahrungswissen) wirken zwar stark (da großen X-Achsen-Wert) in der Abbildung 12, aber relativ wenig verstärkend in der Zukunft (da kleinen Y-Achsen-Wert Zuwachs), siehe Abbildung 13.

Die restlichen Einflussfaktoren im grünen Feld wirken zwar positiv, aber relativ sehr wenig verstärkend in der Zukunft. Dies ist ebenfalls in den Abbildungen 12 und 13 ersichtlich.

Die Einflussfaktoren mit der Nummer 2 (Arbeitsbelastung), 7 (Komplexität der Anwender-Software), und 14 (unstabile Hardware) im roten Feld in der Abbildung 12 wirken kurzfristig negativ zur Zielgröße Fehlerprävention. Langfristig gibt es geringe negative Veränderungen (Quadrant links unten) in Bezug zur Fehlerprävention, wie in der Abbildung 13 erkennbar. Da diese Einflussfaktoren sich quasi auf der negativen X-Achse und mit geringer weiteren negativer Veränderung auf der Y-Achse befinden und somit von der Zeit wenig beeinflusst werden.

Die Nummer 3 (Emergente Softwarefehler) wirkt sich kurzfristig relativ stark negativ auf die Fehlerprävention aus, da großer negativer X-Wert und längerfristig noch etwas stärker aus, da der negative Y-Wert auch größer wird.

Aus diesen Ergebnissen lässt sich der Handlungsbedarf / Systemeingriffe ableiten.

Die Einflussfaktoren mit den Nummern 2, 3, 7 und 14 wirken gegen die Fehlerprävention und sind durch besondere Systemeingriffe zu optimieren. Die Ursachen sind die emergenten Softwarefehler (Nr. 3), Arbeitsbelastung und Komplexität der Anwendungssoftware.

Die Ursachen dieses Problems sind zu analysieren und zukünftig zu vermeiden.

Die Einflussfaktoren mit den Nummern 8, 9, 11 und 15 sind **nicht stark** im Feld „zunehmend erhöhend" vertreten. Sie müssen deshalb durch Maßnahmen optimiert werden.

8. Zusammenfassung

Die Ergebnisse des Modells zeigen den Status der aktuellen Situation der Wirkbeziehungen und Bedeutung der einzelnen Einflussfaktoren aus kurzfristiger in Abbildung 12 und aus langfristiger Betrachtung in Abbildung 13.

Da die Basis der Einflussfaktoren und das entwickelte Netzwerk aus dem aktuellen Status der Wirklichkeit in der Praxis entwickelt wurde, werden in der Erkenntnismatrix durch das Modell die tatsächlichen Verhältnisse der Faktoren in der Praxis aufgezeigt.

Die Darstellungen der Einflussfaktoren beziehen sich auf Ihre Wirkungsstärke auf die Zielgröße „Erfolgreiche Fehlerprävention" und Ihre Beziehung zu den anderen Einflussfaktoren.

Je größer der X Wert der Position des jeweiligen Einflussfaktors, desto größer ist die Wirkung z. B. die Nr. 6 in Abbildung 13. Die Höhe des entsprechenden Y Wertes des Einflussfaktors zeigt die Einflussänderung je Zeiteinheit auf. Der Y Wert der Nr. 10 in der Abbildung 3 ist weitaus größer als der von Nr. 6 und hat somit eine zeitlich schnellere Wirkung, obwohl die X Werte etwa gleich sind.

Durch diese Analyse und Erkenntnisse können zur Optimierung der Fehlerprävention z. B. folgende Maßnahmen abgeleitet werden.

1. Die Faktoren in Abbildung 13 „im linken Feld unten" z.B. die Nr. 14 „ Unstabile Hardware" durch Reduzierung der Ursachen optimieren. Die Ursachen können durch Maßnahmen z. B. „Stabilisierung der Hardware" bzw. Austausch dieser Hardware reduziert werden.

2. Optimierung der bereits positiv wirkenden Faktoren „im rechten Feld oben" z. B. Nr. 6 „Fach- und Erfahrungswissen" weiter ausbauen / optimieren.

3. Auswirkungen in der Praxis messen z. B. Reduktion der Fehler in bestimmtem Zeitabschnitt.

4. Modell durch weitere reale Faktoren und deren Stärke im Alltag ergänzen und den Gesamteinfluss nach der Modellierung neu analysieren.

Die nachfolgenden Referenzen geben Hinweise zur Vertiefung des Themas und zur eigenen Umsetzung eines ganzheitlich vernetzten Ansatzes.

Literaturverzeichnis

Balzert, H.F. (1998). *Lehrbuch der Software-Technik;* Software-Management, Software- Qualitätssicherung, Unternehmensmodellierung. Spektrum, Akademischer Verlag Heidelberg/Berlin

Bunse, C./Knethen, A. (2008). Vorgehensmodelle Kompakt; Spektrum Akademischer Verlag Heidelberg

CONSIDEO (2009). Neumann, K.: **CONSIDEO Modeler Handbuch**, Version 6 2009 und CONSIDEO Modeler **Produktunterlagen 2009**, Thema: Vernetztes Denken Firma CONSIDEO GmbH, 23562 Lübeck

Dörner, D. (2008). *Die Logik des Misslingens;* Strategisches Denken in komplexen Situationen; Powohlt Taschenbuch Verlag 7. Auflage

Frick, A. (1995). **Der Software Entwicklungsprozess:** ganzheitliche Sicht; Grundlagen zu Entwicklungs-Prozess-Modellen, Verlag Hanser, München 1995

Gabler (2011) Gabler online Wirtschaftslexikon

Gerlich, Ra. & Re. (2005). *111 Thesen zur erfolgreichen Softwareentwicklung;* Springer Verlag, Berlin/Heidelberg

Gomez, P., Probst, G. (1987). *Vernetztes Denken im Management;* Die Orientierung Nr. 89, CH-Bern, Schweizerische Volksbank

Gomez, P., Probst, G. (1997). *Die Praxis des ganzheitlichen Problemlösens;* Vernetzt denken, Unternehmerisch handeln, Persönlich überzeugen; 2. überarbeitete Auflage; Bern, Stuttgart, Wien,

Grossmann, C. (1992). *Komplexitätsbewältigung im Management;* Anleitungen, integrierte Methodik und Anwendungsbeispiele; Verlag GCN, Winterthur

Hamilton, P. (2007). *Dynaxity;* Management von Dynamik und Komplexität im Softwarebau; Springer Verlag Berlin Heidelberg

Hamilton, P. (2008). *Wege aus der Softwarekrise;* Springer Verlag Berlin Heidelberg

Hörmann, K./Dittmann, L./Hindel, B. (2006). *SPICE in der Praxis;* Interpretationshilfe für Anwender und Assessoren, basierend auf ISO/IEC 15504, dpunkt.Verlag, Heidelberg

Hoffman, D. W. (2008). *Software Qualität;* Springer-Verlag, Berlin Heidelberg

Kneuper, R. (2006). **CMMI Verbesserung von Softwareprozessen mit Capability Maturity Model Integration**; 2., überarbeitete und erweiterte Auflage 2006, Verlag dpunkt.verlag, Heidelberg

Masing, W. (2007). *Handbuch Qualitätsmanagement;* Herausgegeben von T. Pfeifer/R. Schmitt, 5., vollständig neu bearbeitete Auflage, Hanser Verlag München

Petrasch, R. (1998). **Einführung in das Software-Qualitätsmanagement;** Software-Qualität, Softwaremanagement, Normen und Standards, Logos-Verlag Berlin 1998

Reason, I. (1990/2008). *Human Error*; Cambridge University Press New York, USA

Schein, E.H. (2003). *Organisationskultur;* The Ed Schein Corporate Culture Survival Guide; MIT/Cambridge USA; Edition Humanistische Psychologie, Bergisch Gladbach

Seghezzi, H. D. (1996). *Integriertes Qualitätsmanagement;* Das St. Galler Konzept München; Hanser Verlag München

Seghezzi, H.D. (2008). *Integriertes Qualitätsmanagement;* Der St. Galler Ansatz; 3. völlig überarbeitete Auflage; Hanser Verlag München

Senge, P. (2008). *Die fünfte Disziplin;* Die Kunst und Praxis der Lernenden Organisation; Schöffer-Poeschel, 10. Auflage

Strunz, H. / Dorsch, M. (2001). *Management;* Managementwissen für Studium und Praxis, Oldenburg Wissenschaftsverlag München

Ulrich, H. / Probst, G. H. (1988). **Anleitung zum ganzheitlichen Denken und Handeln**; Ein Brevier für Führungskräfte, 1. Auflage, Verlag Paul Haupt, Bern/Stuttgart 1988

Vester, F. (2007). *Die Kunst vernetzt zu denken;* Ideen und Werkzeuge für einen neuen Umgang mit Komplexität, 6. Auflage, dtv Verlag, München

Wallmüller, E. (2001). *Software Qualitätsmanagement in der Praxis;* 2., völlig überarbeitete Auflage, Hanser Verlag München

Wallmüller, E. (2007). **Software Process Improvement mit CMMI, PSP/TSP und ISO 15504**; 1. Auflage Hanser Verlag München

Wallmüller, E. (2011). **Software Quality Engineering**; ein Leitfaden für bessere Software Qualität, 3. Auflage Hanser Verlag München